너의 예민함을 아껴둬

밤은 매일 찾아오고 선풍기는 잘 돌고 산책은 맛있어

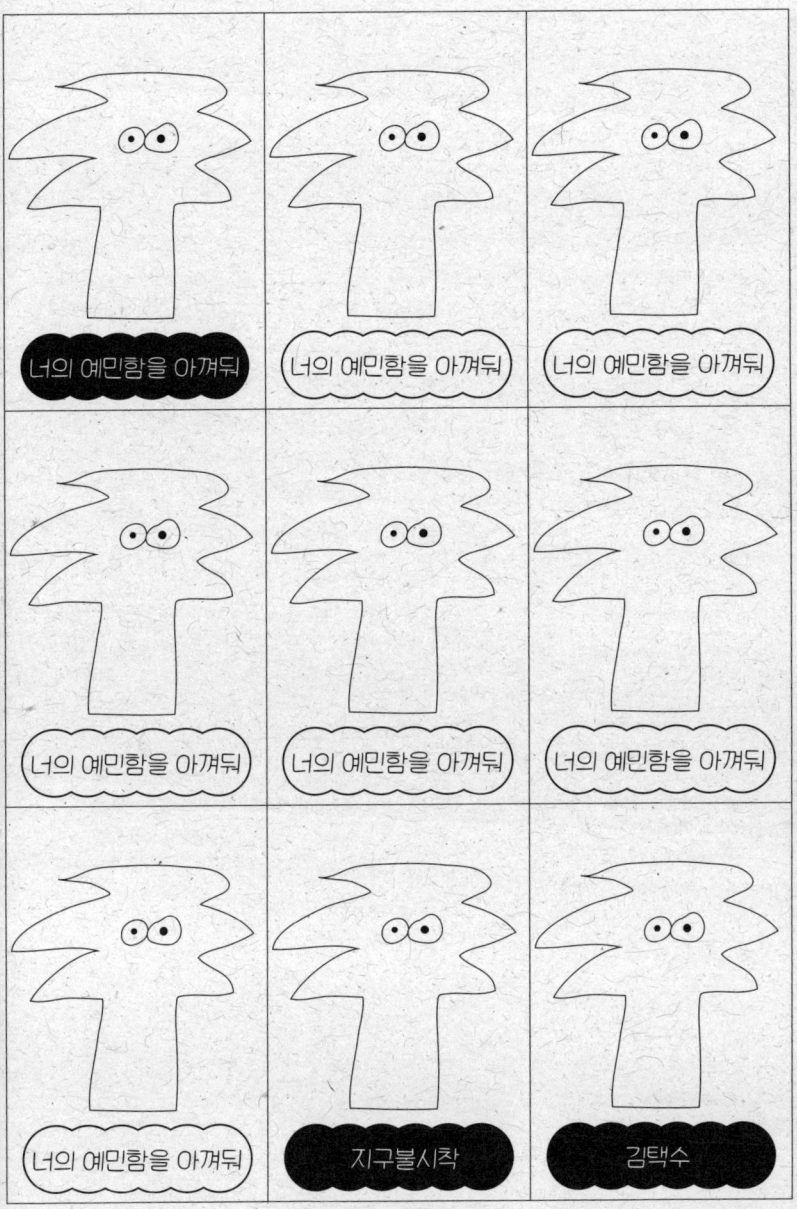

밤은 매일 찾아오고 선풍기는 잘 돌고 산책은 맛있어
너의 예민함을 아껴둬
․․․․․․․․․․․․․․․․․․․․

1판 1쇄 2025년 8월 20일
그림 글 김택수
편집 김택수 / 지구불시착
펴낸곳 지구불시착
isbn 979-11-91830-14-9
출판등록 20181102
제25100-2017000074

9illruwa@gmailcom
instagram@unplannedearth_books

너의 예민함을 아껴둬

밤은 매일 찾아오고 선풍기는 잘 돌고 산책은 맛있어

글 그림 김택수

김택수입니다 김택돌, illruwa, 죠타이거, 지구불시착 등
다양한 이름으로 활동하고 있지만 모두 김택수입니다 이랑
노래를 아주 많이 듣고, 이랑에 대해서는 잘 모릅니다
그림을 생각보다 많이 그리고, 생각보다 글도 많이 씁니다
사람을 좋아하고 착한 사람을 더 좋아하고 책방
지구불시착에 오는 사람을 가장 좋아합니다 푸딩을
지나치게 좋아합니다 충격에 약하지만 아몬드 봉봉을
말하면 회복이 빠릅니다 좋아한다는 말을 너무
좋아합니다 다정한 그림을 많이 그리고, 책방을 오래오래
하고 싶습니다

1. **시력보호**　시를 읽으면 살이 빠집니다 9p

2. **책방에서 무저항**　빙수는 팔지 않습니다 29p

3. **타코와 시트러스**　우리들의 멋있음을 기억하기 63p

4. **여름의 리듬**　비가 엄청나게 쏟아지던 장마철
　　　　　　할 일도 많은데 별게 다 재밌어서 큰일 93p

5. **골목의 스트레칭**　창문에 불이 켜지는
　　　　　　　저녁의 신호들을 나는 좋아했습니다 115p

6. **너의 예민함을 아껴둬**　밤은 매일 찾아오고
　　　　　　　　선풍기는 잘 돌고
　　　　　　　　산책은 맛있어 133p

1. 시력보호

시를 읽으면 살이 빠집니다

잔잔잔잔

별다른 가구조차 없던 방 도쿄 사사츠카 기숙사의 여름은
소리에서도 소금 맛이 났다 냉장고는 잔잔잔잔 툭
잔잔잔잔 툭 너는 잔잔잔잔하는 소리가 좋다고 했다 나는
잔잔잔잔 소리보다 툭하고 끊겼을 때의 침묵이 좋았다
무엇이 그랬는지 너는 잔소리가 많아졌고 그래서인지 나는
갑자기 말을 멈추곤 한다 너는 발음이 좋았다 R과 G
같은 발음이 좋았고 특히 ㅎ이 들어간 단어를 말하는 너의
입술은 아름다웠다

우리는 빗소리를 좋아했다 선암사 대웅전 처마 아래서
무릎을 끌어안고 지나가는 비를 마지막 한 톨까지
배웅했다 비는 떨어지는 동안 소리가 없다가 무엇과
마주쳐야 소리가 난다 그것을 모두 빗소리라고 하면
무엇은 조금 억울할 것 같은데 라는 말을 했을 때 너는
나를 한동안 바라봤다 그럼 뭐라 하는데? 비와 처마 소리,
비와 풀 소리, 비와 마당 소리, 비와 헛소리 아무 대꾸도
없던 너에게 아엠 소리라고 했더니 웃었던 것 같다 우리는
그릇이 많은 사람이 됐다 대체로 서툴렀다 서툴러서
그릇된 일이 많았다

너는 그릇이 깨지는 것을 싫어했다 금이 생기면 버렸다
나는 너무 비싸지 않고 흔하지 않은 그릇을 모았다

이 빠진 그릇 위에 클립이나 동전 같은 걸 올려두고
기억하지 못했다 약속했던 전시를 위해 계동에 갔다
태양이 흐리고 멀었다 이런 빛도 그림자를 만들까 생각했다
갤러리에 나란히 진열된 소서를 보다가 창창한 하늘이
보이는 창가에 나란히 앉아 독서하던 때를 생각했다

마음은 글자처럼

'엎'자처럼 엎드려 졸다가 몸을 바짝 일으켜 먼 곳을
바라보는 이름이 뭐였더라 미어캣은 아니에요 혼자
있으니까요

'요'자가 좋아요 웃고 있는 글자니까 책방은 '글'처럼 길고
'시'처럼 가볍게 오래오래
글자가 춤을 추는 그림자가 그림이 되는 여기는
오후 네 시의 책방입니다

잊기 테라리움

택배가 도착했어요 촉촉한 비단 이끼입니다 이끼는
선태식물에 속하는 비관다발식물을 통틀어 이르는 말
대체로 잎과 줄기의 구별이 분명하지 않고 고목이나
바위, 습지에서 자란다 꿈에서 어떤 해석은 필요 없어요
이끼는 이끼로 충분해요 우리 이제 잊기로 해요 꿈이라서
좋은 점은 언제라도 랜덤 택배를 받을 수 있어요 코끼리,
부다페스트, 새 편지, 북촌탁구, 이끼 테라리움 무엇이라도
보낼 수 있어요 언제라도 받을 수 있고요 꿈속의 택배는
잃어버려도 묻지 않는 유실물 제로입니다

꿈, DREAM, 夢, ゆめ 이상하지 않나요? 수면 시 경험하는
일련의 영상과 희망하는 일이 어느 나라에서도 같은
단어라는 게 이상하지 않아요 꿈이라서 좋은 점은 따지지
않습니다 내가 가진 꿈을 유리병 속에 잘 보관합니다
비밀번호는 없습니다 꿈속의 일들은 빠르고 정확한
새벽배송의 알림 문자입니다 나는 꿈꾸고 있습니다
어디선가 본 듯한 분명하지만 기억나지 않는 택배가 오고
있습니다

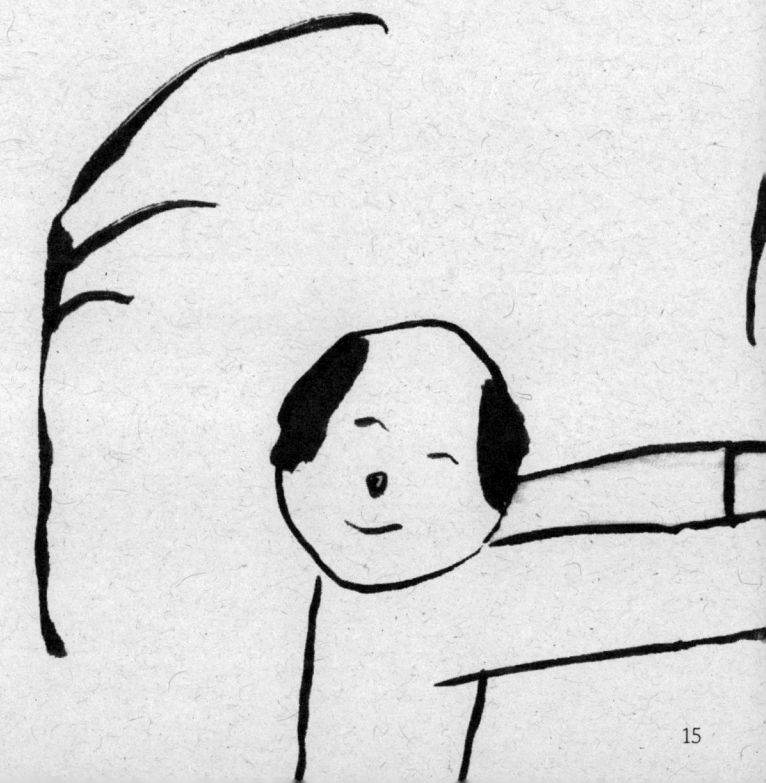

바이닐

소문은 평범한 사람들의 관심 바늘이 올라 탄 리듬과
떠도는 이야기들 실처럼 이어지는 마을을 빙빙 돌면
노래가된다 성실하게 누워 지나가는 것들은 붙잡지도
않고 불평도 하지 않았다 사람과 사람이 장소와 장소가
이어지고 분위기를 리드하는 그것은 생활에 가까운 무엇
지는 해는 나뭇가지에 걸려있고 그림자가 길게 눕는 계절
정해진 길을 돌고 돌아 골짜기 사이로 흐르는 바람이
노래가 되면 먼지들은 한때 춤을 추었지

안개꽃 레시피

그 골목에는 전설이 있다 오래전 단단한 어둠을 조금
벌리고 안간 힘을 쓰는 가게는 공릉동 333-18 그곳에서
안개는 피어난다 안개는 침묵, 침묵은 망가진 소리
나는 망가진 소리로 안개를 만드는 재주가 있다
침묵을 움켜쥔 묵묵한 밤 시간을 섬처럼 밀어내고
한 사람이 들어선다 가게의 문이 열리면
내가 만들던 안개는 어느새 피어나는 꽃으로
그 골목에선 어둠을 밀어내는 재주가 있다

바람직한 사물의 모습

무료한 건 못 참지 바쁜 것도 못 참아 그런데 무료하고
바쁜 날도 있다니 시를 써야하는데 회의는 끝나지 않는다
회의가 끝났는데도 이야기가 계속된다 간식을 뭐로
하는가의 문제 김밥 상할까 봐 샌드위치는 쓰레기가 많이
나오고 토마토? 씻어야 하는데

나에게는 씻어야 한다는 말이 시 써야 하는데로 들렸다
회의는 끝나고 사람들이 돌아갔다 이제는 시를 쓸 수
있는데 햇빛! 화초에 물을 주자 햇빛은 다정하고 언제나
무료

오리 인간

영국 왕립 박물관, 오리너구리의 박제를 처음 본 담당자는
장난으로 오해하고 믿지 않았다고 한다 일단은 좀
믿어주지 그랬나

내가 만약 그 담당자였다면 오리강아지까지도 무리 없이
인정해줬을 것 같은데
만약에 우리들에게 오리발 같은 게 있다면 늦잠을 자도
답장을 안 보내도 누구 몰래 빵을 먹어도 나는 모르는
일이라고 발을 흔들어대겠지 모두가 발을 손처럼 흔드는
오리 인간의 세상 너무 귀여울 것 같아

시력측정

시인의 직업은 의사입니다 청진기를 대고서 눈 감고
이렇게 말합니다 멀리 보기 위해서 바다로 가야 합니다
깊이 듣기 위해서는 눈을 감아요
5일 치 시집을 처방합니다 아침 점심 저녁 맛있게
식사하시고 30분 후에 시 하나씩 꺼내 읽으세요
그리고 멀리 보는 연습을 하세요 그렇게 하면 좋아질
겁니다

주차금지 나무 지붕 실외기 아파트 창문 옥상 시선이 닿는
가장 먼 곳까지 보기로 합니다 건물 옥상의 갈라진 틈
사이로 기어오르는 슬픈 눈을 가진 장님 개미와 지나가던
민달팽이가 인사합니다 뭐라고 하는지 듣기 위해 눈
감아보겠습니다

그럼 그들의 대화를 들어보겠습니다

장님 개미가 말합니다 하루하루 만만치 않네요 앞이
캄캄해요 민달팽이도 말합니다 나도 그래요 월세가 많이
걱정돼서 집을 나왔어요 둘은 아무 말도 못 하고 잠시
있다가 새해 복 많이 받으세요 한 달 전에도 말했던
기억이 나네요 모두가 그렇게 합니다 멀리 봅시다 그럼
괜찮아집니다 잘 들읍시다 훨씬 나아집니다

마른 잎들이 모여드는 골목 끝에는
단단한 그림자 하나가
마침표처럼 버티고 있다

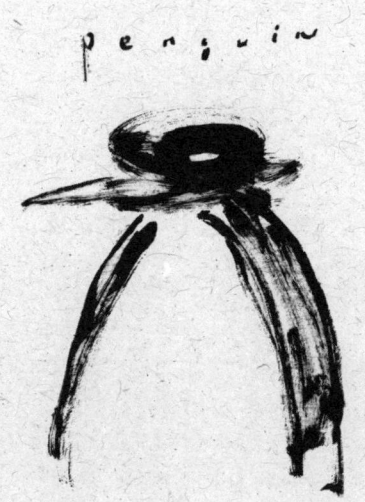

2. 책방에서 무저항

빙수는 팔지 않습니다

대부분의 시간을 책방에서 보낸다 직업으로서의 책방 또는,
물리적인 영역에서의 공간 어떤 의미 보다 더 깊고 넓은
방식으로 나는 책방에 존재하는 셈이다

어떤 문장 하나에 마음을 뺏긴다 사랑하는 것만큼 쉬운
일이다 오토바이가 지나간 뒤로 남겨진 밤이 쉬어가는
골목길에는 느슨한 바람이 주인이 된다 거미는 실로
만든 집에서 망을 본다 바라는 일들을 부끄러워 하기는
거미들의 세계관에서도 통하겠지 오토바이가 또 지나가면
출렁이는 줄에서 거미는 누가 왔나 싶어 발을 구르다가
또 속았네 하겠지 실망하는 거미 한 낮의 나도 그랬는데
사랑하는 사람을 위해 살아야 하는 일중에 누군가를
속이는 일도 있을까 읽다 만 시집 두 권과 빈 잔과 거미집
아침이 밝아도 그대로일뿐 다만, 거미와 나의 근무 교대

이틀간 부자

책 사고, 비싼 초밥 먹었다 친구가 낸다는 손 완강히
제압하고 이번엔 나도 좀 내보자고 했다 돈 생기면 사려고
벼르던 화초도 샀다 비싼 녀석, 이름이 뭐든 이제부터 너의
이름은 삼만 원 초코파이, 꼬깔콘, 허쉬 같은 아이스크림
서프웨이, 와퍼세트 펑펑 쓰고도 돈이 남는다면 얼마나
좋을까? 내 친구들의 시집도 몇 권씩 사서 지인들에게
선물도 하고 싶고

아내 생일 동네 맛집에서 거하게 먹고 돈이 어디서 났냐는
말에 그림이 좀 팔렸다고 자랑했다 남은 돈을 아내에게
다 줄 수 있어 기뻤는데 주머니 속에 오천 원이 아직 남아
있다 승리한 기분이다 다육이 다육이 허브 허브 사람들의
발길 붙잡는 이 골목의 강자 앞집 가게 식물들 오천 원에
허브 하나를 구입했다 가게 앞에 아무렇게 대충 내려놓고
신나게 놀았다

책방에서 무저항

지하철 3호선 충무로역에서 손잡이를 잡았다가 손잡이가
뽑히는 바람에 그 손잡이를 그대로 들고 나왔다 브라운
색의 페이크 가죽밴드에 상아색 트라앵글 손잡이가
매력적이어서 나는 이 손잡이를 제법 좋아했었다 하지만
안타깝게도 지금은 없다 평소 성향은 F에 가깝지만 오직
나에게만 초대형 대문자 T가 되는 아내가 이사할 때
버렸다고 한다 아내는 나를 버리지 않고 잘 가지고 다닌다
아직까지 쓸모가 있는 것 같아 다행이다

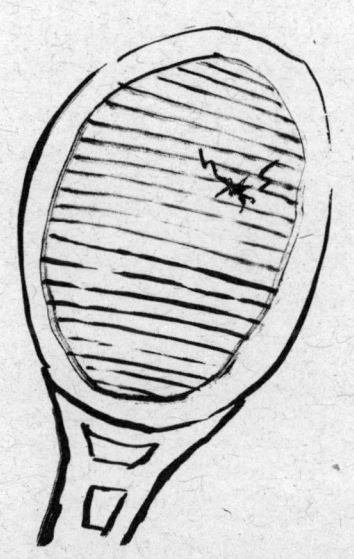

조립식 화법

사실은 떠나가는 것보다 돌아오는 것에 연연하는 편
입니다 책방 깊숙한 곳에 앉아 가장 먼 쪽의 하늘을
보는 일로 말하지 못하는 욕망을 대신합니다 누군가 또
해외여행을 간다던데 어디로 간다는 것도 기억하지 못하고
언제 간다는 것도 생각나지 않는데 돌아오는 날은 4월 8
일 당신이 돌아오는 날이 궁금해집니다 아직 떠나지도
않았는데 이미 그리워하는 것은 돌아오는 것에 연연하는
편이라서 입니다
시가 될 때까지 써 내려간 비문을 지우다가 책을 고르는
애매한 손길을 보다가 무심한 듯 들려오는 작은 목소리에
집중합니다

부러워하는 건 내가 맡은 역할인가봅니다 비문을 지우다
지우다 지우는 것에 익숙해지면 멀리 있는 욕망을
애매하게 단념하는 일이 특기가 되기도 합니다

핑계를 만드는 일에 최선을 다하는 편입니다

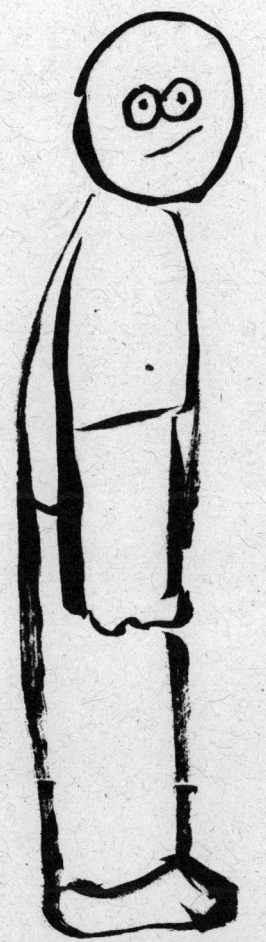

책방에서 양산 자랑

뉴스 앵커의 활약과 할아버지의 해바라기 그림과 살던
동네의 이야기 졸면서 읽는 수전손택의 책과 시국선언을
위해 모인 진보당 언니의 표정까지 마치 책방에서
시작되는 아침 드라마는 뭐 대단한 일도 아닌데 이야기는
바로셀로나의 티키타카 축구처럼 이어진다

"고양이를 좋아하고, 유도를 좋아하는 사람에게 선물하고
싶은 책을 추천해주세요" 고양이와 유도를 좋아하는
사람이 혹시 ㅇㅇ인가요? 네 맞아요
고양이와 유도를 좋아하는 케이스로 동일인물을 유추하는
세계는 우리가 바라는 세계 아닌가

맥북을 샀다는 말을 두 번 해도 알로카시아 새잎이 나오는
과정에 아무런 도움이 되지 않아도 그러다가 <고양이를
버리다>라는 책을 읽어도 뭐 이야기가 좀 끊기면 어때
귀신이 지나가는 거지 봄바람에 살 탄다는 말이 있던데
그럼 나 뭐 좀 자랑해도 돼?

이에는 이

기빨리기 쉬운 인프피들에게
할 수 있나? infp

밥을 먹는다 도시락 반찬 하나는 호박 나물, 또 하나는, 이것을 무엇이라 불러야 할지 모르겠다 이름이 있을까? 계란 지단에 양파가 들어있다 케첩이 아주 소심하게 올려있다 아내는 내가 케첩을 별로 좋아하지 않는 것을 안다 말하지도 않았는데 대부분을 아내는 눈치챈다 나는 밥을 먹는다 유튜브를 보면서 먹는다 알고리즘이 대단하지도 않아서 지난번에 본 듯한 영상을 다시 본다 밥을 먹다 말고 메일을 열어본다 오늘까지 달라고 했던 서류를 잊고 있었다 시간이 오래 걸리는 작업은 아니라서 생각난 김에 우선순위로 처리하려고 도시락을 옆으로 밀어놓고 파일을 연다 생각과 달리 시간이 걸리는 작업이 될 것 같아서 다시 파일을 닫고 남은 도시락을 당겨온다 점심을 먹는 행위가 아니라 도시락통의 음식을 비워내는 게 일인 것처럼 점심 식사를 끝낸다 도시락통이 깔끔하게 비워지면 서둘러 테이블을 정리한다 그릇을 싱크대로 옮겨놓는다 밥을 먹으면 설거지를 하고 이를 닦아야 한다 이것은 어떤 목적이 아니라 도시락을 먹는 것과 연속적인 행위가 된다 이를 닦지 않으면 아직 식사 중이라고 해도 틀린 말은 아닐 것이다

책방은 멸종 지구불시착은 책방 지구불시착은 멸종합니다
책방인 나는 이렇게 고개를 들고 플라밍고처럼 서 있습니다
왜 그렇게 고개를 드냐고 묻는다면 순서를 기다리는
중입니다 책방 옆 파스타집은 이미 긴 줄이 서있고 책방은
면이 안서요 그래서 나는 줄을 서봅니다 치킨리조또가
소화되는 시간 리조또가 이렇게 맛있다니 치킨도 멸종
그 다음은 유튜버입니다 나는 유튜버 김 그럴수가 되기로
합니다 집까지 걸어가는 길이 온전하길 바라며 멸종이
천천히 다가오길 바라며 부정적인 생각을 줄이며
"멸종보다는 멸망이 낫겠지" 유튜버는 평등을 원합니다
밤길에 흐르는 평화로 멸종 후의 고요를 예감합니다

전화기 좀 충전할 수 있을까요? 아이폰인데
짐 좀 맡겨두 돼요? 금방 다녀올 건데
화장실을 좀 쓸 수 있을까요?
물 좀 있나요? 아이가 목 말라하는데
볼펜 좀 줘봐

                                        네네
                                책방은 왜인지
                         약자의 위치에 있으니까요

이거 골동품 같은데 얼마나 할 것 같은가?
                                              네?
                       책방은 좀 유식해 보일 거라는
                       위치에 있어서가 아니라
               그냥 그런 숙명을 견뎌야 하는 곳이라서

롯데슈퍼에서 적립을 하면 김 끝자리수 손님 맞습니까? 긴 거 같기도 하고 아닌 거 같기도 합니다 긴긴 장마에 소리가 드문드문하고 이름 때문인가? 여름 때문인가? 그럴 수 있습니다 내 이름은 사실 끝자리수는 아니고 그럴수 일어나는 일에 모두 시인하는 김 그럴수가 내 이름입니다 아무 책이나 읽다가 낮잠을 잘 수도 있고 일어나 볼에 붙은 연필을 떼고 갑자기 시를 쓰기도 합니다 책방이 책방이 되기 위해 사람이 없는 건 합격, 사람을 기다리는 마음도 합격, 책방에서는 빙수는 팔지 않습니다 아무런 저항 없이 살고 싶어서 그럴 수 있습니다 비 오면 화초가 신나고 신나면 신라면 맛있고 맛있으면 커피나 한 잔해요 책방이 좋은 이유 하나 만들고 퇴근합니다 음료수 하나 사고 어떤 저항도 없이 도시락 가방이 달그락달그락 여기 그럴수 있습니다

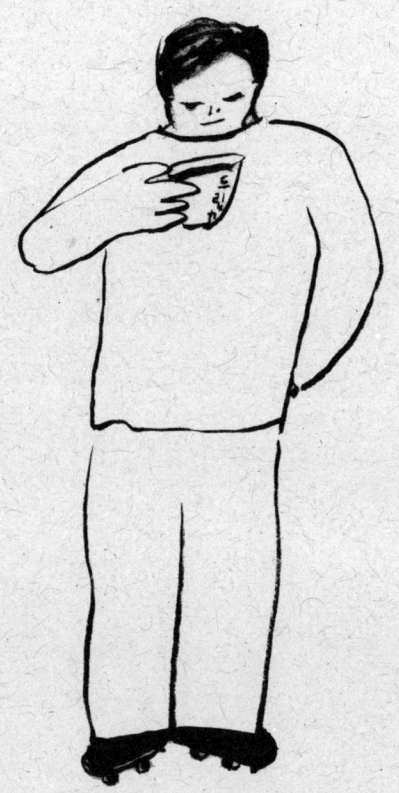

잠은 때시를 안가리고 오는데

손님은, 일요일

1차원적으로 보기

창밖은 나뭇잎 무리들이 출렁거린다 하지만 책방에는
냉장고 모터 소리, 오래된 컴퓨터의 소음, 선풍기 회전하는
소리가 전부 일 때가 있다 창문을 경계로 안과 밖은 다른
세상이 된다 시간이 흐르는 방법이 아무도 눈치채지 못 할
만큼 다르다고 해도 틀린 말이 아닌 것 처럼

가게 내 마법 사용 가능

또 모르는 일이지 이 골목을 벗어나면 직립보행 고양이가 버스를 기다릴 수도 있지

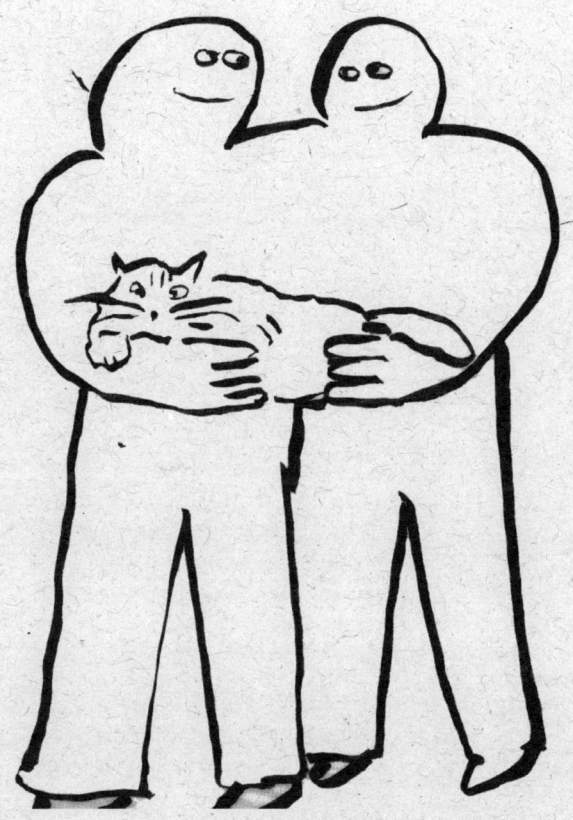

책을 읽고 있으면 멋있다 내가 책을 읽을 때는 아무도 오지 않는다 너의 멋진 모습은 절대 보지 않을거야 약속이라도 한 듯 아무도 보이지 않는다

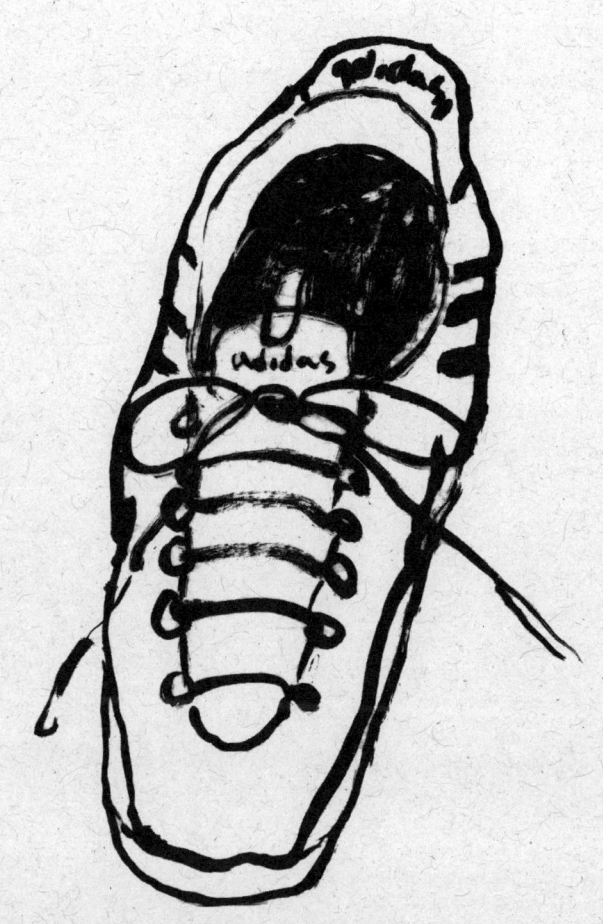

가까운 곳에 있는 책방 대표로부터 카톡이 왔다 정말 아무도 안와서 집에 가고 싶다고 한다 그 문제에 대해 내가 할 수 있는 말은 나도 그렇다 정도이다

내가 사는 세상에는 말도 안되는 일이 가끔 일어난다 굳이 말하자면 그런 일을 벌이는 유형이라기보다는 그런 일을 받아들이는 유형이다 선택의 문제라면 거세게 항의하지 않고 받아들이고 흘러가는 대로 지켜본다 옆에서는 답답하다고 잔소리를 하지만 나는 내가 잘하는 일을 할뿐이다 지켜보는 것으로 연봉을 받는 시대가 온다면 난 꽤 높은 임금을 받을 지도 모른다

3. 타코와 시트러스

우리들의 멋있음을 기억하기

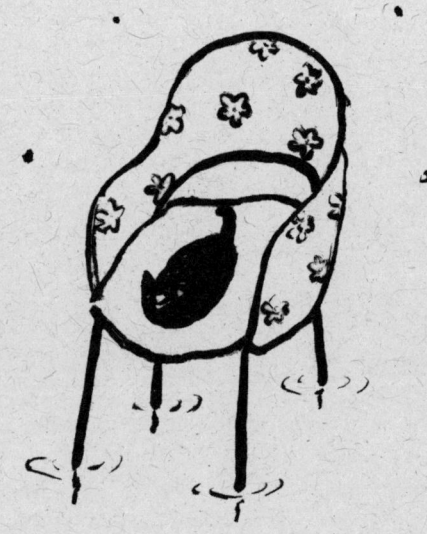

카리브해의 섬나라에서 걸려온 전화를 받지 못해 시작된 상상력으로 가득한 시를 보여준다 그 시의 몇몇 문장에 밑줄도 있었다 좋지?라고 물어봐서 나는 대답한다
"어 좋네"
나에게는 좋은 문장을 발견하는 재주가 없어서 누군가 읽어보라고 추천해 주는 책을 주로 읽는다 그런 책은 예외 없이 재밌다 재밌게 읽기 위해 애쓰기 때문일지도 모른다 그리고 또 나에게는 누군가 좋지? 라고 물어 보면 대부분 좋다고 말하는 습관이 있는 것 같다 좋아하기 위해 노력하는 것이다

아침에 호화스러운

가본적 없는 장소를 생각한다 몽골은 몽골몽골
방글라데시는 방글방글 말로만 듣던 내전을 겪은 여행자는
카탈루냐의 어느 광장에서 커피를 마시며 마냥 좋은 일은
세상에 없다는 것을 깨달았다고 한다

월요일 오전, 동네 카페에서 혼자 가본적 없는 장소를
생각한다 사막에 누워 별 보기 비틀즈처럼 횡단보도
걸어보기 오래된 서점에서 책 읽는 사람 관찰하기 그곳에
어울리는 플레이리스트 만들기 에게해에서 지는 태양을
끝까지 바라보면 눈물이 날 거야 스위스 관광열차 위로
천천히 흐르는 구름을 보면 와이파이가 없어도 웃는
얼굴이 되겠지 이국적인 간판들을 사진에 담아보는 일은
얼마나 재밌을까 버스 정류장에서 만난 아저씨와 가볍게
인사를 나누고 날씨 이야기를 하는 거야 저녁식사에 초대
받을지도 모르지 포도주를 자랑한다는 건 말이 통하지
않아도 알 수 있겠지

멋있어 보일지도 모르지 이렇게 말하면 하지만 그거 알아?
나는 말수가 적은 사람이 멋있더라 그걸 모르진 않지만
좋아하는 사람 앞에선 자꾸만 말하고 싶어지고 세상에
없는 마냥 좋은 일 동네 카페에 혼자 앉아 여백과 안정감
ちょっと贅沢な 월요일

이야기는 끝이 없어야 한다

신발이 한 짝만 보일 때 다음 이야기가 궁금해진다
새로 오픈한 디저트 카페에서 케이크를 가져다줄 때마다
이번에는 어떤 인사를 해야 할지 잠을 못 잔 것도 자랑이
되고 글을 못 쓴 것도 위안이 될 때도 있다 어긋난 욕심과
소란스런 폭동으로 얼룩진 밤에도 이야기꾼은 케이크와
맥주를 읽었다
말은 책 속의 행간을 닮아서 이리로 갔다가 저리로 흐르고
어떤 말은 벽돌 같고 오래된 나무 같고
전깃줄에 앉은 까마귀였다가 누구누구는 누구누구에
의해서 소문을 퍼 나르는 건 바람도 한몫했다
 익숙한 골목, 걷다가도 마른 입은 자꾸만 길을 잃었다

골목에는 마법 사용 가능한 책방이 있다 책방엔
그노시엔느 5번이 흐르고 모든 이야기는 진행형이다

봄비에 대한 반응

작은 카페는 입이 많았다 입들이 떨군 말을 행주는 조용히 닦아 낸다 행주는 모두 부지런하고 말이 없다 나는 잘 개어진 행주를 오래도록 바라본다 북촌에서는 지나가는 길마다 비가 내렸다 동료를 만나 비밀이 없는 사람처럼 바쁘게 말했다 말이 많았던 건 나였다 그것은 부끄러운 일이다 하지만 나는 혼자 있을 때 가장 말이 많다 비밀도 아니고 부끄럽지도 않고 대부분 잊고 싶지만 기억하고 싶은 일도 있다 잘 들어주는 사람이 되고 싶었다가 말 잘하는 사람이 되고 싶었다가

집으로 가는 길에는 골목마다 다르게 비가 내렸다

8월까지 책 내주실 거죠?
네가 그렇게 말하면 그렇게 해야지
주변에는 나의 허세를 잘 받아주는
친구가 많아 너무 좋다

영국 간 친구도 직장 다녀서 잘 못 보는 친구도 도서관을 만들어버린 친구도 회사를 그만둔 친구도 개인전을 하고 있는 친구, 개인전을 준비하고 있는 친구, 자전거를 타는 친구, 발표를 고민하는 친구, 컬럼을 쓰는 친구, 수술하고 회복을 기다리는 친구, 페어에 힘을 쏟는 사람들 모두 각자의 위치에서 열심히 살고, 나는 냉동고의 서리 제거에 진심이다가 동그라미를 지구만큼 크게 그리는 상상을 한다 바다가 보이는 그림을 빨리 완성하고 싶고, 책도 많이 팔고, 오래도록 연락하지 못한 친구에게 문자도 보내 봐야지 푸딩, 팥빙수, 아몬드봉봉 자꾸만 쓸데없이 혼잣말하더라도 그냥 무시하면 됩니다

남부라고 말하면 왠지 전문가가 되는 느낌이 있다 예를 들면 그 사람의 말투에서는 약간 남부의 악센트가 있습니다 프랑스 남부에서는 보통의 일입니다 이탈리아 남부의 파스타에서는 이런 짠 맛이 나더군요 하는 식으로 그렇지만 내가 남부를 아무리 그럴싸하게 붙여 말해도 진지하게 받아줄 사람은 없다 이것이 남부의 남부럽지 않은 자랑이 된다

구체적인 계획보다는 일단 시작하면 뭐라도 되겠지 하는 차원의 일을 벌였다 나는 첫 번째 대담을 하기 위해 전철을 타고 이동 중이다 무엇이든 힌트가 될까 싶어 무라카미 하루끼의 직업으로서의 소설가를 읽었다 그리고 이런 문장을 발견한다 '오믈렛을 만들기 위해서는 먼저 달걀을 깨야한다' 나는 이 문장을 이렇게 흡수했다 무언가를 하기 위해서는 무언가를 하면 된다 뭐 그런 뜻이 아닐 수도 있다 아무래도 상관없다 인생에는 나만 모르는 힌트 같은 게 있고 이 문장은 어떤 결과를 위한 마법의 주문이 될 수도 있다 그렇다면 나는 이 문장을 적극적으로 소비하겠다는 입장이다 적어도 김택수의 세계관에서는 열쇠가 될 수 있지 않을까

시인의 굿즈를 만들고 있다 시집이 들어간 그림을 그리고
특별한 이유없이 모카 포트와 타이머를 그렸다 마지막으로
얇은 선을 넣으면 편지지가 완성된다. 누가 시키지도 않고,
원하지도 않았지만 오늘의 시작은 시인의 굿즈 만들기가
됐다 누군가 행복해진다면 아마도 오늘은 괜찮은 시작이다

무례를 이해해 준 친구에게 다음에 더 잘 해야 겠다는
다짐을 합니다 양심적으로 직설적인 사과는 멋지겠죠 그런
일이 있기 전에 사과할 짓을 말아야 한다는 건 알지만 그건
너무 인간미가 없습니다 나는 그냥 실수가 많은 사람이고,
그럼에도 불구하고 미워할 수 없는 사람이면 좋겠습니다
그런 사람으로 사는 건 그렇게 쉬운 일이 아닙니다 항상
낮은 자세를 지향하고 그곳에서의 편안함을 유지해야
합니다 나름 이 바닥의 장르에서 신선한 위치 선정이라고
해보죠 꺼림직한 장애물이 없는 제로 그래비티의 감각
새로운 사조, 깃털 혁명, 트렌드
자존감? 사실 그런 건 뭐에다 쓰는 건지 잘 모르겠습니다
어찌 됐든 난 그런 사람이고, 그건 꽤 멋질지도 모르는
일입니다

히스테리아 시베리아나 라는 병이 있다고 한다

보이는 건 지평선 뿐인 드넓은 시베리아 평원에서 해가 지는 서쪽을 향해 먹지도 쉬지도 않고 걷는 증상
사실은 책방이라고 히스테리아 시베리아나에 걸리지 말란 법은 없다 책방은 뭐든지 일어날 수 있기 때문이다

친구가 도서관을 시작했다 도서관은 내 마지막 일정이었는데 그 멋진 친구는 시작의 단계였다 도서관 이름은 호락호락 도서관 관장 이름은 호락포테이토
호락포테이토가 목에 걸고 있는 관장이란 명찰이 부럽다고 말하니 관장은 나에게 사서라는 명찰을 줬다 나도 그럼 책방에서 명찰을 걸고 있으면 좋을 것 같아 지구인이라는 명찰을 만들었다 지구인 명찰을 하면 사람들이 왠지 피해 다니는 것 같은데 호락호락 도서관 사서 명찰은 빛이 나는 것 같았다 나의 빛나는 친구 호락포테이토의 존재가 나의 자랑 리스트에 빠질 수 없다

타코와 시트러스

맥시코 국민 음식 타코는 토티아에 고기와 채소, 여러가지
재료와 소스를 얹어 먹는 음식이고 감귤류의 과일향이 입
안 가득 퍼지는 커피는 시트러스

한강라떼에서 타코와 시트러스를 주문한다 자리가 좁아서
들고 나왔다 근처 아파트 입구 화단 앞에서 철제 펜스 기둥
위에 시트러스 잔을 올려 놓고 한 손엔 타코를 올려놓고
먹는다 펜스의 기둥 1미터 간격에 맞춰 우리는 나란히
1미터의 거리감을 가지고, 즐겁다 어딘가 이국적인 느낌을
넘어 어쩌면 지구에 아직 한번도 존재한 적 없던, 존재한
적이 없어 표현할 단어 조차 없는 편안함 다정함 즐거움
맛있음 자연스러움 하늘이 아름다움 자꾸만 웃음이
나오는 감정을 경험한다

영국가는 친구

비행기를 두 번 갈아타고 시차가 9시간이나 나는 곳으로
친구는 떠난다 친구를 보내고 집으로 돌아오는 길 우리는
이랑의 노래를 듣는다
왜 모든 사람들이 너와 있고 싶은 지*
노래를 아주 조용히 따라 부르는 내부순환로에서
아 지구 너무 커! 라며 짜증을 부려본다

4. 여름의 리듬

비가 엄청나게 쏟아지던 장마철 할 일도 많은데
별게 다 재밌어서 큰일

어느 여름 날, 그림을 한 장 그리고 빈 벽에 덩그러니 붙여놓습니다 바람 한 줄에도 촐랑촐랑 답장을 보내는 가벼운 그림이 나를 닮은 것 같았습니다

오토바이가 지나갔다 이 골목에서 오토바이는 청각적으로 지나가고 시각적으로 완성된다 부웅~ 오토바이가 지나간 자리 여름이 물컹하게 벌어졌다가 천천히 오므라든다 그림자가 바닥에서 잠시 출렁거려도 알아차리는 사람은 없다 책방 앞 골목은 여름도 더위를 타는 모양이다 책방 문을 열면 진격해 들어오는 여름 아이스 아메리카노의 시간

음악을 바꾼다 턴테이블의 바늘을 내려놓고 이랑의 새로운 중얼거림을 듣는다 메일을 보내고, 이를 닦고, 오토바이가 한 대 지나가면 서운한 일쯤이야 여름의 밀도 속에서 뭐 그리 대단한 일도 아닌 것처럼 스르르 녹는다 책방에서 그런 일은 일도 아니지

한편 이 여름에 나는 다양한 종류의 음료를 마셨다 콜라에
중독된 것처럼 마셨고, 저녁이면 시원한 맥주생각도 났다
커피는 드립커피와 아인슈펜허를 마시고 아내가 마시라고
준 보이차와 레모네이드, 맹물에 얼음물까지 마치 몸에
연가시라도 들어있는 것처럼 차가운 냉수를 들이켰다
이 역시 이상 컨디션의 형태라며 병원엘 가라고 성화였지만
난 오히려 하루종일 커다란 컴퓨터에서 보내오는 전자파의
행패를 슬기롭게 대처하는 방법이 이 시원한 음료뿐이라며
오기를 부린 경향도 없지 않다 올여름은 유독 여름이란
단어가 수수께끼처럼 눈앞에 어슬렁 거리기도 했다 어떤
책에서, 낭독회에서, 라디오에서 여름이란 단어에 자극을
받는 사람처럼 오감마다 여름이 톡톡 걸리는 것이다

매미도 울기 전인데 강력한 한낮 더위에 어느 책방에
들렀다가 발견한 책이 있다 조그마한 독립출판으로 여름,
콜라!라는 제목이었다 그 책은 사서 읽지도 않고 책상 옆에
두기만 했다 어느 폭우가 쏟아지던 날에, 여름과 콜라라는
단어의 콜라보를 한참 동안 생각하다 여름과 어울리는
사물들을 떠올려 봤다

선풍기 수박 자전거 드라이브 얼음 모자 새 부채
아이스크림 8월 매미 수영 복숭아 서핑 바다 탁구 달리기
산책 달 파라솔 비치샌들 나무 안경 에어컨 비 바람 옷
체조 모기 밤 열시반 가방 곤충채집 구름 빵 맥주 커피
콜라 바나나 야구장 공원 벤치 빨래방

비가 엄청나게 쏟아지던 장마철 할 일도 많은데 별게 다
재밌어서 큰일

선글라스가 하나 있다 어디서 어떻게 내게로 왔는지도
모르는 선글라스다

여름이 좋아서인지 여름 물건이 하나씩 갖고 싶다 그래서
갖고 싶은 물건을 생각해보니 선글라스 메트로놈 아이맥
레고 미니밴 구몬초 아스파라거스 여름은 핑계고 그냥
갖고 싶은 것들이었다

여름이 여름하면 우리는 우리하면 되지

그 시절,
우리들의 불확실은 불같은 확신이었다

긍정적인 환상을 갖는 것이 목표를 성취하는 데도 도움이
된다고 한다 그렇다면 목표를 정하는 것이 일반적인 순서일
텐데 나에게는 긍정적인 환상을 갖는 것이 목표가 된다
여름 장마 그리고 금요일, 책방은 날씨에 취약하다
성수기도 없는데 비수기라니, 책방은 긍정적인 환상을
목표로 하는 것이 너무나 어려운 환경일지도 모른다
나는 그림을 그리며 시간을 보낸다 마음에 드는 그림을
완성할 것이고 완성된 그림을 보면서 흐뭇한 얼굴이 될
것이다 목표는 여러 가지 방법으로 존재할 수도 있다고
기록해 둬야겠다

햇빛이 여름을 녹인다

쥐도 새도 모르게 사라지는 말들

쥐와 새는 알아도 상관없는데

여름이 좋다 좋아졌다. 나는 더위는 참을만 한데 추운건 너무 싫다 추우면 가난한 것 같아서 싫다 더운 건 모두가 더운 것 같은데 추운 건 나만 추운 것 같아서 더 싫다 그래서 여름이 더 좋다

모든 단어 앞에 여름을 붙여보자 여름 모자, 여름 책방, 여름 일기, 여름 빈라덴 세상이 시원해지는 여름 현상

5. 골목의 스트레칭

창문에 불이 켜지는 저녁의 신호들을 나는 좋아했습니다

"사장님 나 사명이 생겼어요"

입 벌린 까마귀가 이야기했을 때 나는 사실 다른 생각을 하고 있었다 요즘 나는 생각이 많다 가을이니까 생각은 공짜니까

"사장님 나 사명이 생겼다니까" 입 벌린 까마귀가 다시 한번 말했다

"사명? 사명 뭔데"라고 물었다

그녀의 사명은 열심히 놀자라고 했다 그렇지, 너는 열심히 노는 게 어울린다고 제발 좀 열심히 일할 생각 좀 말라고 그전부터 말해왔던 터였다 옆에서 보는 입 벌린 까마귀는 정말 잘 논다 나는 언젠가 그녀의 스팟을 따라가는 워크숍을 해도 재밌겠다고 생각했다 입 벌린 까마귀의 옆에는 호락호락 감자가 걷고 있었다 우리는 로키봉 멤버이다 아무래도 그 사명은 호락호락 감자의 아이디어에서 나온 것 같다 호락호락 감자의 사명은 모두에게 귀염받는 사람이라고 했다 호락호락 감자의 귀여운 추진력으로 내 친구들은 하나하나씩 사명이란 게 생긴 모양이었다 고운 손의 사명도 개인 톡을 통해 들었던 것이 생각났다 고운 손의 사명은 뭐였더라

아 맞다 나는 뭐든 잘 까먹는다 감자가 내게 물었다

"사장님은 사명 뭘로 할 거예요?"

"나? 글쎄 나는 사명보다 오명이 더 관심 많은데 조금만

생각해 보면 나에 관한 오해를 벗고 싶은 게 한 둘이
아닐걸"
"아 그것도 재밌겠다" 그것도 말해주세요
나는 일단 다음 주 글이다클럽에서 글쓰기 주제로 아주
재밌을 것 같았다 사명과 오명이 줄곧 머릿속에 남아 있는
시간을 보냈다

나는 요즘 비교적 여유롭다 해야 할 일이 없는 건 불안한
일이지만 우선은 좀 즐기도록 해보자 골목의 고양아치와
놀기 위해 자주 자리에서 일어나는 효과를 본다 유튜브
보는 시간이 줄었다 모기를 잡는 스킬이 늘었다 앉은
모기를 잡으면 1점, 모기의 동선을 예측해서 잡으면 3
점으로 모기와의 승부를 즐긴다 책도 그럭저럭 읽고 있다
몸이 아주 가볍다 아침운동을 꾸준히 하고 있다 화초가
아주 잘 자란다 서가정리를 했다 새로 올려놓은 책이
팔렸다 거의 3점 슛을 성공시킨 느낌이다 이렇게 늘어놓는
평화가 너무 좋다 안 좋은 일도 있었다 아이맥 모니터가
깨졌다 깨진 모니터가 보기 싫어 책을 읽는다 아끼던
커피잔이 깨졌다 덕분에 청소를 열심히 했다
사람들은 내가 너무 쉬지 않는다고 한다 그건 하나의
오해이다 나는 이렇게 잘 쉰다 하루하루가 놀이터다
모두가 워라밸을 외치지만 나야말로 워크와 라이프

밸런스가 모두 책방에 있다 조금 더 일찍 출근하고 싶고
조금 더 오랫동안 책방에 있고 싶다 또 사람들은 내가
청소를 안 하는 줄 안다 나는 청소를 아주 좋아하고
심지어 잘하는 편이다 나는 소공동 조선호텔 청소 알바를
시작으로 은행 청소, 학교, 사무실, 극장에서의 청소
알바 경험도 있다 청소에 대한 철학도 나름 있는 편이다
청소에는 100점이 없다는 말이 있다 청소를 단번에
힘줘서 하는 사람도 있는 반면 느슨한 청소도 있다 나는
후자의 청소를 애정한다 삐뚤삐뚤한 것을 각 잡는 청소는
군대에서나 어울린다 책방에서는 책방의 분위기에 맞는
청소를 나는 잘 아는데 사람들은 잘 모르는 것 같다
그런 의미에서 나의 사명은 나의 오명을 벗어버리는 것에
두기로 한다 그렇지만 나에 대한 오명이 아주 사라지는
건 어쩌면 재미 하나가 없어지는 것일지도 모르겠다
책방에 오는 나의 친구는 거의 대부분 잔소리란 첨가물로
지구불시착의 맛을 더해 가는 것일지도 모른다 그렇다면
나의 사명은 다시 한번 생각해 보기로 한다
책방 친구들의 잔소리를 모두 포용하는 그릇이 되도록
해보자 그렇게 되면 자연스럽게 오명도 지워지는 날이
오겠지

쳇베이커의 재즈를 듣는 여름밤, 약간의 고독이 느껴질 때면
어떤 것을 오랫동안 바라보는 습관이 있다 내 머리 위에는
사람 눈에는 보이지 않는 커다란 아날로그 버튼이 있고
그것은 오래된 습관을 작동하는 기계장치일 것이라는
상상을 해본다 인간 누구나 정수리에 보이지 않는
아날로그 버튼이 있고 버튼의 용도는 사람마다 달라서
그 사람의 특유의 패턴이 작동하는 원리이다 턴테이블의
스타트 버튼을 누르면 레코드가 돌아가는 것처럼 정수리의
버튼이 눌러지면 나는 조금 특이한 세계로 빠져든다
조금 전 나는 커피를 내렸다 원두의 무게를 예민할 정도로
맞추고, 물이 끓는 소리를 들었다 원두를 분쇄하고 얼음을
순비한 후 97도의 뜨거운 물을 부었다 원두가 구름처럼
가볍게 부풀어 올랐다가 가라앉는다 나는 그것을
바라본다 적극적으로. 하지만 의식은 개입하지 않기로
약속이라도 한 것처럼 천천히 시간만이 해낼 수 있는
방법으로 소기의 목적을 이룬다

그렇게 내려진 커피잔을 들고 자리로 돌아와 앉았다
아직까지 머리 위의 버튼은 작동하고 있다 그래서인지
나는 이 자리에 앉아서 시선이 닿을 수 있는 가장 먼 곳을
바라본다 창밖은 밤, 시선은 마땅한 것을 찾지 못한다
그래서 결국 시선이 닿은 곳은 세 변이 만나는 천장 끝

모서리를 바라본다 곡률이 0이라는 모서리의 단호한
면모가 부럽다 모서리의 보호본능에 몸을 맡기기도 한다
내가 머무는 공간은 모든 모서리의 건강함이 만들어낸
자리였다 그곳에서 나는 안락함을 느낀다
얼음은 녹으면서 소리가 난다 오래된 연못가에 개구리
뛰어드는 소리처럼 무음의 세계로부터 돌아오는
신호가된다 골목앞 오토바이가 맹수처럼 지나가고
선풍기와 냉장고 소리가 일제히 움직이기 시작한다 나는
모서리로부터 빠져나왔다

오늘까지 보내기로 한 강의확인서를 작성한다 메일을 열고
보내기, 엔터 그럼 오늘도 무사히 마침표

저녁의 신호들

저녁을 따라 걷습니다 등 뒤로 여름이 지나간 것 같아
자꾸만 뒤 돌아봅니다 기억할 게 많았던 여름은 이제
기억만 남았고 한가로운 고양이는 여름이니 가을이니 그런
것보다 사람의 발소리에 더 예민합니다

이 거리에 창문이 많은 건 비밀이 아닙니다 나는 아무나
미워하지 않았지만 갈등이 있을 때마다 창문이 하나씩
늘어납니다 누군가 그리워했을 땐 두 개씩 어느 비 오는
날엔 세 개 네 게 다섯 개 자꾸만 혼잣말이 많아지는 나를
창문은 지켜보고 있습니다

셀 수 없이 많은 창문에 불이 켜지는 저녁의 신호들을 나는
좋아했습니다

골목은 이미 그림자의 세상이다 길어졌다가, 옴추려 들었다가, 몇 개의 그림자가 겹친다 고양이 그림자와 나무 그림자가 하나가 되었다가, 공원의 벤치와 그네, 전신주의 그림자와 몸을 섞고, 진해졌다가, 엷어졌다가, 시계방향으로 돌았다가 사라졌다가 가벼워졌다가 무거워지기도 한다 나의 그림자는 아직 잘 따라오는 걸까?

내 이름은 김택수 한자로는 집택자에 물가수 정말 희망이나
큰 뜻이라곤 찾아볼 수 조차 없다 심지어 귀여움도 없다
음가 역시 그리 멋지지도 않아서 항상 불만이었다 음가도
버리고 의미도 없는 이름을 아버지 어쩌면 어머니가
지어주셨고 나는 그 이름을 평생 사용하고 있다 내 이름은
과정이나 내력, 숨은 의미 하물며 어디 가서 돈 주고
지었다는 설화와 같은 이야기도 해 주시지 않았다 정말
아무런 의미가 없기 때문이며 그냥 부를 수 있는 두 글자면
충분했기 때문이었을 것이다 갓 태어난 아기에게 이름이란
것이 있어야 먼저 것들과 구별을 할 게 아닌가 하는
마음이었을 것이다 김춘수의 꽃과 같이 하나의 몸짓이 그
어떤 눈짓으로 성장하는 기대란 애초부터 없었을 것이다
그런 김택수란 이름으로 한 번도 택수가 아닌 적이 없이
지금껏 살아오고 있다 가끔 택돌이라는 별명도 있지만 그건
어디까지나 재미로 삼은 것에 지나지 않다 내가 택수란
이름에 불만이 있다고 하면 지인들은 대개 입을 모아 너는
택수가 딱이야! 택수 말고는 생각할 수 없다고 한다 이
말은 칭찬일까? 아닐까?라고 생각할 겨를도 없다 그냥
택수라고 하니까 택수로 살아온 것뿐이다
어느 날 래연이 찾아왔다 래연은 내가 책방을 오픈한 지
한 달이 채 되지 않았을 때부터 왔던 친구이다 래연과 조금
가까워지며 우리는 많은 이야기를 만들어냈다

생각해 보니 <너에게 반했어 나머지 반 부탁해>라는
제목도 래연과의 대화에서 나온 말이었다 래연은 당시
대학을 졸업하고 동시에 건축 설계회사에 입사한
신입사원으로 첫인상부터 장학금 같은 이미지와 교보문고
인센스 같은 느낌의 청년으로 나와는 너무나 반대방향의
지향성을 가지고 있었는데 그 친구에게서 특히 부러웠던
건 다름 아닌 이름이었다 래연이라니 래연이란 이름은
못해도 사대부 자손의 풍미로 잘하면 세자빈이라도 어울릴
이름이다 아마도 난 래연이란 이름이 부러웠을 것이다 어느
날 래연은 사장님 내 이름은 길에서 자주 볼 수 있어요
뭔지 알아요? 뭔데? 노래연습장! 래연은 과연 품격에
유머까지 갖춘 이름이었다 그래서 나도 멀티플렉스적인
이름이 한 번쯤 갖고 싶다고 생각하고 있을 때 신문
1면에 난 기사가 바로 '가택수사'였다 그래 난 이 정도로
만족하기로 했다 만족을 알면 패가망신할 일은 없다는
연암의 말을 떠올려 봤다 어이없지만 그때부터였을지도
모른다 택수라는 이름이 조금씩 좋아지기 시작했다

전파사가 사라지고 있다고 아쉬움을 토로한 적이 있다
그곳에 가면 망가진 무엇이라도 고쳐줄 것만 같은 믿음이
있었다 고장 난 라디오가 되살아나면 낭만도 따라 소환된다
드라이버를 능숙하게 다루고, 전선 피복을 껌 껍질
벗기듯 하는 부드러운 손놀림은 마술사의 손과 다르지
않았다 그곳에 비교적 잘 널브러진 드라이버, 볼트와
너트, 다양한 굵기의 전선만큼 살려낸 제품들의 이야기가
꿈틀거리는 곳이 전파사일 것이다 기계들의 사망을
불허하는 전파사가 동네에서 또 하나 사라졌다 몇 년 전
특별한 이유로 가장 아끼는 스탠드를 가볍게 고쳐주고
간편 스위치까지 달아주셨던 금강전기가 폐업하고 지금은
이자까야가 들어섰다 공교롭게도 그 스탠드가 또 망가졌다
나의 경솔한 판단으로 스탠드는 또다시 불빛을 잃었다
내가 처음으로 큰돈을 벌고 처음으로 용기를 내 들여온
스탠드 원서동 빈티지 가게에 진열돼 있던 자태에 반해 그
가게를 세 번이나 찾아갔었다 세계 3대 조명 브랜드 중
가장 역사가 있는 굴절형 스탠드 앵겔포이즈를 과감하게
값을 치르고 들고 와 처음으로 불을 밝혔던 그 빛의
황홀함은 앞으로 일어날 모든 일에 행운을 더해 줄 것만
같았다 그 후로 15년이 지났다 녹슬고 부속이 떨어져 나간
상태지만 그대로 보낼 수 없었다 전기 수리라는 간판만
보면 스탠드를 들고 갔다 부속이 없다는 대답만 돌아왔다

그곳은 내가 생각했던 전파사는 아니었다

스탠드를 직접 집도해 보기로 했다 전동드릴과 랜턴, 장갑,
니퍼 같은 장비를 준비했다 나사를 하나씩 풀고, 전선을
자르고 이어 준비한 소켓에 연결해 봤지만 스탠드는
꿈쩍하지 않았다 집도는 실패했다 해체된 스탠드를 다시
조립하고 조금 더 전파사를 찾아보기로 했다 다음 날 무슨
일인지 천장에 LED조명이 나갔다 이건 또 어떻게 하는
것일까? 일단 전동드릴과 장갑, 헤드랜턴을 끼고 조명을
분리했다 망가진 이유는 모르겠다 가까운 철물점에 가서
소켓과 전구를 사 왔다 전구의 연결은 의외로 간단했다
전동드릴은 해리포터의 지팡이 일지도 모른다며 제법
아무튼 전기 김택돌 마법에 우쭐해 있을 때 이번에는
두꺼비 집 손잡이가 똑 하고 부러졌다 어쩌면 대공사가 될
것 같은 예감이 들었다 전기 기사를 불러야 할지도 모른다
철물점에서 부러진 스위치를 보여줬더니 통째로 갈아 끼워
야한다며 교체하는 법을 자세히 알려줬다 큰 스위치를
꼭 내리라고 몇 번을 강조해서 말씀하는 것을 보니 꽤
위험이 따르는 공사일지도 모른다 아무튼 가게로 돌아와
두꺼비집 스위치를 모두 내리고 전동 드릴로 나사를 돌렸다
굵직한 구리선의 맨살을 보고 공포감에 젖어 들 쯤에
나는 손님에게 양해를 구했다 그리고 혹시라도 감전되면

119를 불러달라는 말도 덧붙였다 손님은 알겠다고
했다 이번에도 잘 마무리 됐다 나는 전기를 제법 고치는
사람일지도 모른다 2승 1패! 이제는 책방의 정체성과도
같은 스탠드를 고치는 일만 남았다 현근에게서 사진 한
장이 날아왔다 사진엔 전기 만능 수리점이라는 커다란
글씨의 간판이 보였다 좋은 예감이다 당장 전화했다 연륜
있는 목소리가 나왔다 가져오란다 문이 닫혀있으면 놓고
가란다 고쳐서 연락해 준단다 어디가 고장인지 제품이
무엇인지 하는 질문도 없다 이렇게 간단명료하다니 역시
전파사 스탠드는 몇 시간도 지나지 않아 무사 생환했다
의료 사태로 응급실 구하기가 어렵다는데 야사의 명의는
실패하지 않는 법이다 가게로 돌아와 전기를 꼽고 스탠드
스위치를 눌렀다 책방의 분위기를 만드는 엥겔포이즈의
위용은 대단했다 헤드 부분의 간편 스위치를 잃고 밝기
조절 기능은 상실했지만 골격의 우아함은 변함없이
아름다웠다 어떤 우연인지 최근 몇 번에 걸쳐 전기의 맛을
봤다 전기의 위험성과 필요성을 더할 나위 없이 경험했다
전파사가 사라지고 있는 것은 여전히 아쉽다 그들이
사라지는 이유에 대해 생각해 봤다 망가진 물건을 대하는
자세, 숙련된 기술자를 과소 평가하는 경향이 적지 않은
이유일지도 모르겠다

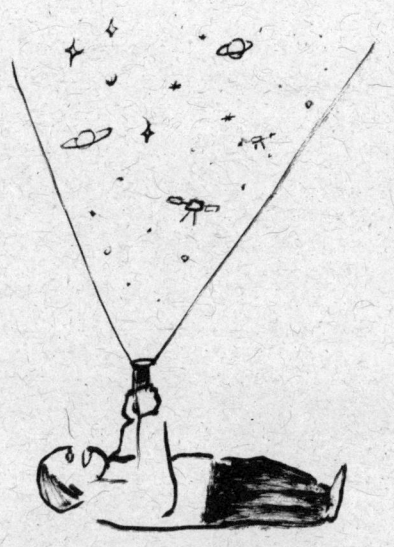

길은 언제나 누워있다 기력을 다 쓰고 난 뒤 여전히 남아있는 생각처럼, 걷는다 길이 아니라도 좋았지만 아무리 걸어도 길 위였다 벗어날 수 없고 도달할 수 없는 길이 되는 법을 생각한다 길과 하나가 되는 방법을 생각한다 깜깜한 밤이면 마음속에 움츠렸던 야수가 나오기도 했다 차도의 중앙선을 따라 걸어보고 싶다 그 길을 혼자 다 쓰고 싶다 터널로 들어간 차가 터널에서 영영 나오지 않는 생각을 하고 어둠이 건물을 하나씩 집어삼키는 상상을 하고 검은 안개가 움직이는 것을 하나씩 지우는 상상을 한다 길을 걸으면 말이 되지 못했던 말들이 쏟아진다 나는 후회하지 않는 사람이 될 수도 있겠지 길은 아파트에서 죽는다 내가 사는 아파트는 길들의 공동묘지 길이 사라지고 말들도 사라진다 조금 더 걷고 싶을 뿐인데 몸이 가로가 되길 원한다 큰 대자로 누워 캄캄한 어둠을 지난다 새로운 아침이다 길은 어제의 일에는 관심없다 나는 그 길을 따라 다시 걷는다

6. 너의 예민함을 아껴둬

밤은 매일 찾아오고 선풍기는 잘 돌고 산책은 맛있어

문을 열고 굿모닝, 스위치를 올리고 빙고, 레코드에 바늘을
걸어 놓고 아싸! 테이블을 정리하고 좋았어, 바닥을
쓸고 오케이, 분리 배출을 끝내고 사요나라, 화초에
물을 주고 땡큐, 컴퓨터를 열고 화이팅! 메일을 확인하고
이에쓰오케바리
뭐든지 긍정이 우선이다 긍정하는 습관이 긍정을 부른다

사운드 마크

어디에서 만날까요? 잘 지내고 계신가요? 날씨가 좋습니다
옷이 잘 어울립니다 목소리가 좋습니다 뉴욕에 갔다 온
지인으로부터 그 사람들의 스몰토크가 너무 신기하고
좋았다는 이야기를 들었습니다 평소 말주변이 어눌하던
나는 어느날 성당을 지나다가 신부님과 스몰토크를
시도했습니다

신부님 저는 종교가 없습니다 신부님은 잠시 무슨 말인가
하는 표정이었습니다 그런데 저는 성당을 지날 때마다
인사하고 싶은데 방법을 모르겠습니다라고 하니 그제야
신부님은 환하게 웃습니다 아, 네 아주 쉽습니다 성호를
그리며 성부와 성자와 성령의 이름으로 아멘 이렇게 하면
됩니다 나도 따라서 성호를 긋고 인사합니다 아멘

무교 주의인 나는 종교 용어에 뇌가 가벼워서 성물방을
굿즈샵이라고 말한 적도 있습니다 그래도 인사를 잘하는
사람이 되고 싶습니다 절에 가면 절을 하고 성당 가면
성물을 사고 싶습니다 인사를 잘하고 착한 물건에 욕심이
많은 나입니다

어느 골목의 랜드마크에서 만나요 골목을 품은 아득히
조용한 책방이 있어요 저녁이 되면 더 선명해지는 침묵

속에서 문이 열리면 숨기려야 숨길 수 없는 반가움으로 인사해요 우리

낙법

어느 시인이 보내준 시집을 읽다가 문득 저녁이 된 줄도
모른다 해는 소리없이 서쪽을 파고든다 창넘어 보이는
나무는 바싹 마른 잎을 털어낸다 몇 번을 고개 들어 보아도
창밖으로 보이는 풍경은 그대로이다 정지된 화면인가

골목에서 틈틈이 견고해지는 저녁은 늘 이런 식이었다
슬며시 찾아오는 저녁의 낙법은 부러운 기술

칼바람에 일자로 서있던 촛불이 흔들리면 쿵하고 떨어지던
내 마음 낙법을 배운적이 없다 마음의 무게에 저절로
흘러나온 한 숨도 항상 이런 식으로 쿵 소리가 났다

월화수목금토끼

토끼들의 세상에서는 일주일을 그렇게 말합니다 매일밤
거리에 토끼들은 모여있습니다 토끼는 당근을 먹지 않고요
그리고 무엇보다도 달 보기를 좋아합니다 달을 보는 일은
걱정 잊기에 효능이 있다고 합니다
사람들 사이로 골목 사이로 아파트 사이로 달이 점점
커지는 세상에도 별일 아닌 것처럼 눈이 빨간 토끼 박사는
거리에 나가 크리스마스 노래를 부릅니다

7분 남았습니다 나는 시간을 세어봅니다 우선 신발을 고쳐 신고 자세를 바르게 앉고 핸드크림을 바릅니다 오늘이 입춘이라며 계좌번호를 불러달라고 했는데 그 사이에 있던 말들을 몽땅 잊어버렸습니다 춥다고 난방비 아끼지 말라던 말이 고마웠습니다
아침에 아이가 지각할까 조마조마하던 아내를 보며 군말 없이 설거지를 할걸 그랬습니다 언제였던가 지난 설에 윷놀이 말판에서 썼던 장기알 하나가 주머니에서 놀고 있습니다 아버지는 장기를 좋아하셨습니다 어렸을 때는 자주 두었더랬지만 점점 머리가 검고 나선 아버지가 장기 좀 두자고 졸라야 마지못해 상대하곤 했습니다
그때 그러지 말 걸 그랬습니다 아버지는 꼭 이럴 때 찾아오십니다

이제 3분 남았습니다 창 밖은 싸늘한데 입춘이라 합니다 통창으로 빛이 한 무더기 찾아와 대길이라 합니다 어떤 일들은 시간 속에 살지 않습니다 이제 남은 시간을 세지 않고 기다리려 합니다

밤은 매일 찾아오고
선풍기는 잘 돌고
산책은 맛있어

금요일은 멀리 안 나갑니다

우산 하나 더 한 것뿐인데도 가방에, 스마트 폰에 손이
모자라는 승객의 얼굴에는 표정이 없다 어느 여름날
금요일 아침이었다 단단히 여며도 부족한 출근 버스의
비장함과 습기 꽉 찬 공기가 빈틈없이 창밖을 메운다
그런 날이면 이례적으로 포기가 빠르다 비야 내려라! 기왕
오는 거 성깔 있게 내리자 바다를 거꾸로 뒤집어 놓은
것처럼 내리자 깊이 숨어 있는 안도감을 꺼내어 본다
내게도 그런 것이 있다 사물들도 한자리에 오래 있으면
병든다던데 나무든 책이든 말 없는 장난감이든 손길을
터줘야 한다던데 창밖으로 고정된 듯한 풍경을 오래도록
바라보다가 가만있는 책을 펼쳐 스트레칭을 도와주고
조잡한 것들의 어깨를 건드려 보는 일도 위로가 되는 날
이렇게 비가 내리는 날에 누군가 찾아오면 내가 안고 사는
온갖 비밀들을 털어놓을 텐데 아껴둔 말랑카우 같은 것도
기꺼이 꺼내 놓을 텐데

기억은 중요하지 않아

저희가 제시했던 레퍼런스와 맞지 않습니다 가능하시다면
요구사항에 맞춰 다시 한번 부탁드려도 될까요? 문장은
공손했다 나는 그들의 속마음을 안다 얼마 전에 읽었던
스푸트니크의 연인 도무지 생각나지 않는 책 속의 문장
플래그도 달아놓았는데 지구 어디에도 없을 것 같은 그
문장은 영원히 사라져 버린 걸까?

여러 번 비교해 보니 첫 시안의 전체적인 느낌이 저희
사업에 더 잘 맞는다는 의견입니다 그럴 줄 알았다
약간은 거만한 자세로 앉아도 되겠지? 소금빵 조금은
먹어도 되겠지? 아이스크림도 먹을까?

누군가를 비난하고 싶을 때 이 점을 꼭 기억하라고 했던 건
그 유명한 개츠비의 책에서였다 이 점? 말을 빙빙 돌려서
중요한 말을 떠올리지 못하게 하는 문인들의 습관일까?
모르겠다 산책을 다녀오면 내 책방에는 반가운 얼굴이 와
있고 그 사람의 얼굴에서는 여름이 보였다

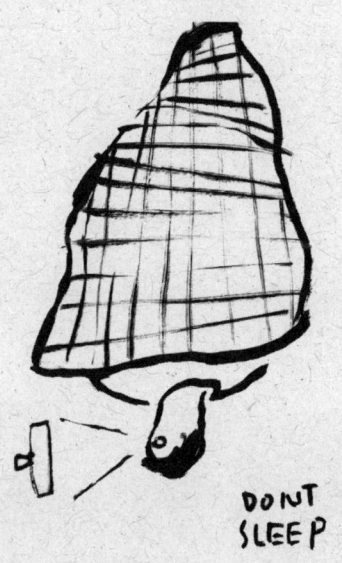

어떤 소거법

인스타를 안 보면 됩니다

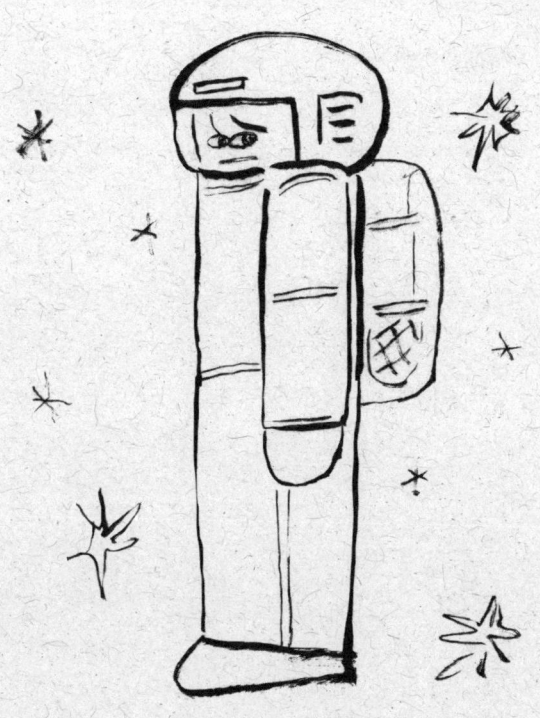

오전에 회의가 있었다 나는 회의를 좋아하지 않는다 그런 건 자세에서부터 나오는 것일까? 집중해 듣는 척은 집중해 듣는 것과 차이가 있고 사람들은 그 차이를 빠르게 감지한다

사람들에게는 누군가를 칭찬하기 위해서 누군가를 서운하게 만드는 법칙이 있는 건 아닐까? 나는 누군가를 위해서 서운함을 감당해야 하는 운명일지도 모른다 그래야 세계평화가 온다면 괜찮다 회의가 끝나고 나는 인사하지 않고 서둘러 빠져나온다 이것은 나의 복수 나도 복수 할 수 있다

아침 달리기는 생략했다 여느때보다 더 꼼꼼하게 가방과 소지품을 챙겼다 휴대폰 오케이, 이어폰 오케이, 버스카드 오케이, 도시락 오케이 그 외 특별히 챙겨야할 건 없었다 단순한 물건들 그런데도 그동안 버스 카드며 이어폰이며, 휴대폰을 두고 나오는 일이 많았던 이유는 왜일까

세상에는 나만 모르는 일이 너무나도 많다 세상 대부분의
성과는 개인의 노력이 아니라 나만 모르는 어떤 비밀에
있다 성공한 사람들 대부분은 그 비밀로 인해 특출난
재능을 터득하고 살아간다 손흥민이 그랬을 것이고
임윤찬도 어떤 비밀을 마주했을 것이다
그들의 엄청난 노력과는 무관한 방법으로 그들도 모르는
사이에 각자의 꿈에 다가가는 성공 스토리는 실제로
존재하지만 어떤 비밀이 어떻게 작용했는지는 아무도
모르며 그들조차 모를 수도 있다는 가정을 세워보기로
한다 이 가정은 나에게 유일한 희망이 될 수도 있다
나의 엄청난 성공 여부는 이 가정이 실재할 때 가능성이
높아지므로 나로서는 피나는 노력보다는 비밀에 더
집중하기로 하는 편이 훨씬 능률적이라는 생각을 해본다

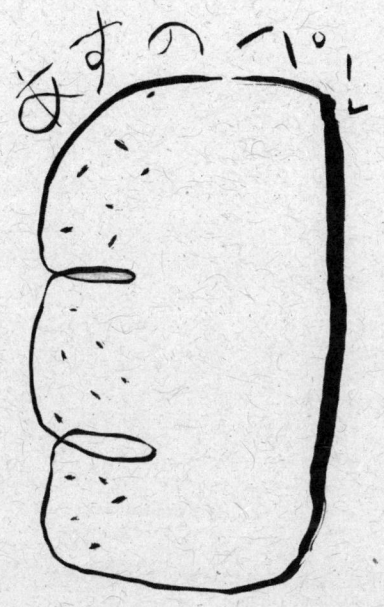

얼마 전 포스터를 주문받았다 보통 나의 작업은 속전속결의
양상으로 작업의 퀄리티에 크게 연연하지 않는 편이지만
이번 의뢰는 어떤 이유인지 고장 난 나침반을 들고
망망대해의 한가운데서 길을 잃은 모양새가 되어가고
있다 조금 전까지 포토샵을 열어두고 좀처럼 나아가지
못하는 그림을 그리다가 말고 포토샵 창을 닫았다 그리고
마우스에서 거칠게 손을 뗐다 그 후로도 10여 분이상
미동도 없이 마치 모든 게 내가 그린 이 바탕화면이 문제인
것처럼 화면 구석 구석을 노려보고 있다 바탕화면 아래쪽의
슬리퍼 모양이 거슬린다 거슬리다 못해 모든 게 그것
때문이라는 핑계를 만들어내도 모자를 정도이다 그림에는
슬리퍼 한쪽이 뒤집혀있다 왜 뒤집어 그렸을까? 바르게
그려야 했는데 가지런히 놓아야 했는데

나에게는 신발을 벗는 습관이 있다 아주 싫어하는 습관
중에 하나이다 폼이 조금만 느슨해져도 어느 사이엔가
신발은 벗겨져 뒤집혀 있거나 홀로 집 나간 강아지처럼
돌아다니기 일쑤이다 그래서인지 신발을 바르게 신는다는
문장은 내 글에서 단골처럼 등장한다 신발을 바르게 고쳐
신고 나는 마음의 준비를 다진다 타석에 들어선 이치로가
오른쪽 어깨의 유니폼을 살짝 당겨 올리듯 그것은 나의
준비, 각오의 신호탄이 된다

어떤 핑계를 대고 싶다 핑계를 먼저 생각하고 어떤 문제인가를 생각하는 일은 틀린 일일까? 단지 핑계는 너무 쉽고 문제 해결은 대부분 뒤로 미루는 편이라 나는 오늘도 비를 하염없이 바라본다

내가 내리는 커피를 지구불시착 드립력이라고 한다 커피를
내릴 때 30초를 세고 20초를 세는 일을 가장 중요한
일인 것 처럼 의식적으로 소리를 내어 세지만 사실은
매번 틀리고 대부분 까먹는다 고작 숫자 세는 일이
어떻다고 호들갑이지만 이것은 아주 중요한 일일 수도
있다 누군가는 타이머를 맞추라고 한다 그럴지도 모르지
타이머를 맞추면 쉬운일 일 수도 있다 하지만 나의
커피는 그렇게 쉬운 커피를 원하지 않는다 뭐 그리 대단히
어렵지도 않지만

나는 즉각 후회 하는 사람입니다 누군가의 심기를 건드렸거나
불편하게 했던 것은 대부분 나를 닮은
내 안의 돌연변이 입니다
아마도 그렇습니다

청소해야하는데 생각만하고 몸이 움직이지 않는다는 사람은 잘 들어라 청소를 위해 생각은 낭비다 몸을 최대한 움직이는 게 청소라는 사실을 알아야한다 한 번에 움직여 소탕하는 청소보다 몸을 많이 움직이는 것이 훨씬 효율적이다 떠돌던 기물들이 몸의 움직임에 따라 하나씩 자리를 찾아가는 것이 궁극의 청소 법칙이다

지나친 관심이라고 말하지만
사실은 그냥 지나치는 관심이었습니다

그는 내가 "그렇죠?"하고 물으면 "네 그러네요"라고 하고
"그건 좀 이상하죠?"하고 물으면 "그건 정말 이상하네요"
라고 답한다 "그거 알아요?" 내가 장난으로 "덴마크의 레고
본사는 레고로 만들어졌대요"라고 물으면 그는
'정말 아이들이 좋아하겠네요' 라든가 '아주 멋지네요 나도
한번 가보고 싶네요'라고 대답할 정도로 내가 하는 말을
부정한다던가 토를 다는 일이 없다 나는 그와의 대화에서
그의 백치미나 진정성을 따질 의도가 생기지 않는다 오히려
그의 대화법을 배우고 싶어질 때가 많다 지난주에 먹었던
음식이야기를 하면 '맛있겠네요' 영화나 책 이야기를 하면
'재밌겠네요 어떤 내용이에요"하고 어떤 친구에 대해
이야기하면 '그 친구라는 분이 궁금하네요'한다
평범하게 보이지만 비범한 재능이다 나도 연습해야겠다

오래전 직장에서는 회의가 많았다 나는 회의를 좋아하지
않아 대부분의 시간을 창문을 바라보거나 노트에 낙서를
하며 다른 생각을 한다 회의를 하다보면 내 의견을
말해야하는 순간이 찾아온다 사람들이 내 의견을 그다지
궁금해하지 않아도 말해야했다 나는 문득 말 끝마다
그죠?라고 말하는 직장 동료의 말 버릇이 생각났다
모두의 동의를 얻기에 효과적인 방법일 것이라 생각했기에
나도 무슨 말인가를 하고 그죠? 하고 물었다 그러나
돌아온 대답은 '나는 아니라고 생각하는데'였다 동의를
개인정보에만 사용하지말자 사람 말을 잘 들어주는
사람은 대부분 좋은 사람일 것이다
그거 역시 아무튼 비범한 재능이니까
나는 더 연습해야겠다

아침에 달리기를 한다 6키로를 40분 정도의 페이스로 쉬지 않고 달린다 달리기를 한 건 당뇨 판정을 받고 나서였다 1년 정도 달렸다 정말이지 당장 멈추고 싶고 웬만한 핑계를 만들어서라도 쉬고 싶었다 무릎이 아팠지만 꾹 참고 달렸다 달리는 건 약간의 성취감이 따라왔다 완주하고나면 티셔츠는 물에 담긴 것을 입고 있는 것처럼 땀에 절어 빨래를 짜는 것처럼 두손으로 옷을 비틀면 땀방울이 뚝뚝 떨어졌다 나는 그 노력의 결과물을 좋아했다 땀이 나는 건 싫지만 땀을 내는 건 멋진 일이다

어떤 말은 벽돌이 되고, 오래된 나무가 되고, 그림이 되기도 했다 내가 했던 말은 1초도 지나지 않아 후회가 됐다 하루내내 괴로웠다 말하지 않는 사람이 되고 싶다

오늘 많은 것에 다정했다
그래서인지

간밤의 악몽은 아무런 문제가 되지 않았다

길거리에 공이 떨어져있으면 대부분 주워 오는 편입니다 그리고 아무데나 올려놓습니다 마침내 자리로 돌아온 것처럼 그것은 아주 간단한 일이고 어떤 의미로 뿌듯한 일이 되기도 합니다 그 행동으로 무질서에서 질서로 가는 비밀의 문 하나가 열리기라도 한 것처럼 만족한 얼굴을 합니다

내 앞에 커피가 있다 나는 커피잔을 노려본다 한참을 지켜보다 결심이라도 한 것 처럼 단숨에 마신다 보통 이런 때는 무슨 일이든 일어나야하는데 아무 일도 일어나지 않는다 한심하다는 듯 선풍기가 고개를 가로로 젓는다 미지근한 바람이 피부에 닿고 부서진다 목표는 없고 의무만 남은 파도처럼

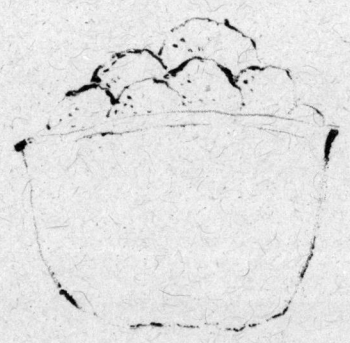

그거 아세요?

줄자를 가지고 다니면 은근 거리감을 줄일 수 있습니다
테이블의 크기를 재보거나 커피잔의 높이 노트의 크기를
숫자로 알아볼 수 있습니다 당신의 어깨와 내 어깨 사이의
거리를 재보고 내가 뱉은 말의 크기와 당신이 바라보는
시선의 끝이 얼마나 떨어진 곳일지 알아볼 수 있습니다
내가 가진 줄자는 안타깝게도 그런 기능은 없지만 언젠가
그런 줄자가 있다면 꼭 구입하고 싶네요

문화의 진화 방향 중 썩 마음에 들지 않는 분
야가 있다면 스트리밍 서비스로의 진화이다 다운로드는
조선왕조실록에나 등장할 것처럼 빠르게 사라졌다 보통의
사람들은 스트리밍 서비스의 장점을 잘 적용하고 있다
나만 아직 다운로드에서 미련을 버리지 못하고 있다 유튜브
프리미엄은 엄두도 못내고 그 흔한 넷플릭스 아이디 조차
없다 지니, 벅스, 멜론, 스포티 파이 그런 것들로부터
멀어진지 오래이다 어쩌면 다가서지 않는 것일지도 모른다
나는 다운로드가 좋으니까 스트리밍이 대세가 되고부터는
내 휴대폰에 노래하나 저장되어 있지 않다 음원재생이란
어플 조차 다루지 않는다는 사실을 최근에 알았다
스트리밍과 다운로드는 내 것인지 내 것이 아닌지의 다름이
있다 다운로드는 크건 작건 고민의 결과이다 고민한 만큼
애정도 커진다 그때는 내가 좋아하는 노래가 휴대폰에
저장되어 있었다 하늘에 떠 있는 구름을 좋아하는 것도
가능하지만 내 주머니 속에 들어있는 조각하나에 애정을
더 두기 마련이다

살구나무에서 떨어진 핑크색 열매 하나를 테이블에
아무렇게나 올려놓고 메모지를 꺼내 이렇게 적었다
살구보자
분리배출 하면 가끔 재밌는 물건을 발견한다 버려질
운명의 물건이 주머니에 담겨 다시 살아 돌아오곤 하는데
그날은 조그마한 보비브라운 화장품 케이스였다 케이스를
깨끗하게 닦고 사진을 오려 넣었더니 멋진 액자가 됐다
심심한 호작질로 하루를 보낸다면 그건 또 그 나름대로
소나기를 피하는 방법이 될 수도 있다

대처를 잘하면 된다

회의가 많다 회의의 내용은 주로 문제 발생을 예상하여
문제가 일어나지 않도록 치밀하고 주도면밀한 가상들이다
1부터 100까지의 걱정들을 쏟아낸다 그들에게는 티끌만한
언동도 크레임의 요건이 된다는 것이다 일어날지도 모를
대비를 하기 때문에 우리들 머리는 복잡해진다 이러한
예상들은 막상 일어나지 않는 경우가 많을 수 밖에 없다
어쩌다 발생할 1, 2, 3 때문에 수십가지의 에너지를
낭비하는 것이다 그래서 나는 회의를 줄이고 일어난
문제에 대해 대처를 잘하는 쪽으로 에너지 관리를 한다
실제로 나는 대처를 잘 하는 편이다 아닌가 나의 실수를
그러려니하며 넘겨주는 것일까? 대부분 사람들은 그렇다고
생각하고 있겠지만 이건 몰랐을 것이다 그것조차 미리
깔아둔 장치이다 그동안 내가 어리숙하게만 보였던
효과였던 것이다 김택수 1승!
이 글을 읽었다면 다음부터 나의 실수를 용서하지 않을
텐데 어떡하지? 그럼 또 그때가서 대처를 잘하면 되겠지

최근 고민 세 개를 말했다 폭탄을 던지고 싶은데 그 폭탄은 자꾸만 내 안에서 먼저 터진다고 했다 그리고 무엇보다 화나는 건 문제에 대한 내 대처가 제일 화가 난다고 했다 친구는 이야기를 듣고 나도 그렇다고 했다 어떤 이야기는 잘 했다고 하고, 또 어떤 이야기는 다들 너무하다며 내편을 들어준다 그는 커피를 한 모금 마시고 좋은 생각이 났다며 화날 때 어떤 단어를 말해보라고 했다 고양이! 연필!하면서 두 팔을 연필 꼭지 처럼 만들었다 그리고 다시 화날 땐 화도 내야 한다고 했다 그리고 다음에 만나면 싹싹 빌면 된다고 했다

너의 예민함을 아껴둬

2쇄 기념 광고

"너에게 반했어 나머지 반 부탁해"

*이 책 내용의 전부 또는 일부를 사용하려면
반드시 저작권자의 동의를 받아야 합니다